des
feita
refeita

Ruth Manus

Ilustrações de Maró Manus

desfeita

refeita

*poemas sobre o fim,
o meio e o início*

SEXTANTE

Copyright © 2022 por Ruth Manus

Todos os direitos reservados. Nenhuma parte deste livro pode ser utilizada ou reproduzida sob quaisquer meios existentes sem autorização por escrito dos editores.

Todos os esforços foram feitos para creditar os detentores dos direitos das poesias de terceiros presentes neste livro. Eventuais omissões de crédito e copyright não são intencionais e serão devidamente solucionadas nas próximas edições, bastando que seus proprietários entrem em contato com os editores.

edição: Nana Vaz de Castro
produção editorial: Guilherme Bernardo
revisão: Hermínia Totti e Taís Monteiro
capa, projeto gráfico e diagramação: Natali Nabekura
ilustrações de capa e miolo: Maró Manus
impressão e acabamento: Bartira Gráfica

CIP-BRASIL. CATALOGAÇÃO NA PUBLICAÇÃO
SINDICATO NACIONAL DOS EDITORES DE LIVROS, RJ

M251d

Manus, Ruth
  Desfeita, refeita / Ruth Manus ; [ilustração Maró Manus]. - 1. ed. - Rio de Janeiro : Sextante, 2022.
  160 p. ; 21 cm.

  ISBN 978-65-5564-482-1

  1. Poesia brasileira. I. Manus, Maró. II. Título.

22-79678   CDD: 869.1
                 CDU: 82-1(81)

Gabriela Faray Ferreira Lopes - Bibliotecária - CRB-7/6643

Todos os direitos reservados, no Brasil, por
GMT Editores Ltda.
Rua Voluntários da Pátria, 45 – Gr. 1.404 – Botafogo
22270-000 – Rio de Janeiro – RJ
Tel.: (21) 2538-4100 – Fax: (21) 2286-9244
E-mail: atendimento@sextante.com.br
www.sextante.com.br

Aos que sangraram. Que se encolheram na cama. Que se amedrontaram com a hora de acordar. Mas que mesmo assim abriram os olhos e se levantaram.

À Iramaia, minha psicóloga. Porque sem ela a travessia dessa estrada teria sido muito mais nebulosa.

Sumário

Desfeita

[Alerta] 20
Campo pequeno 26
Bolt 27
Gaveta 29
Não 30
Engano 31
Reflexo 32
Dilacerante 33
Ignorância 34
Hannemann 35
Imensidão 36
Tortura 37
Lógica 39
Desnorte 40
Mantra 41
Polaca 42
Inaugural 43
Firma 44

Azul 45
Fachada 47
Bloco de notas 48
Estrada 50
Fique 51
Entrelinhas 53
Superior 54
Parágrafo único 56
Barro 58
Herança 59
Procura-se 60
Clemência 62
24 horas 63
Deserto 64
Pêsames 65
Léxico 66
Causa e efeito 68
Virada 69

Refeita

Conquista 78
Centro norte 79
Contato 81
Rosé 82
Cor(d)as 84
Vende-se 85
Sutil 86
Verde maduro 88
Cais 90
Arranque 92
Inoportuno 93
Surpresa 94
16:25 95
Municipal 97
Não 98

Manicômio 99
Tantos 101
Par 102
Impermeável 103
Meia-luz 105
Luz inteira 107
Claridade 108
Terminal 109
Hunter 110
Aparição 111
Evidente 112
Talvez 113
Voivodic 115
Erro 116
Hipótese 117

Ordem 118
Posse 119
Consul 120
Naïf 121
Confissão 122
Homem 124
Segundo grau 125
Ajuda 127
Rumo 128
Páginas 129
Senha 130
Um dia 131
Duelo 132
Retornos 135
Cicatrização 136

Epifania 137
Pode vir 138
Imagem 139
Ateneo 140
Magia 142
Indigesto 143
Hábitos 144
Tempo 145
Catarse 147
Gracias a la vida 148
Desfecho 149

Agradecimentos 159

Desfeita

Nunca entendeu bem o porquê. Mas o fato é que, enquanto chorava de forma silenciosa na escuridão daquele voo longo, ia rodando no dedo anelar a aliança de casada da sua avó. Olhava para suas mãos. Sentia-se falhada por tantas razões. Nunca entendeu bem o porquê daquele presente. Por que ela? Por que para ela?

Quando seu avô morreu, arrastado para o outro lado por um câncer que não se dignou a dar mais do que 90 dias de aviso prévio, ela tinha 6 anos. Sua lembrança da dor era difusa. A imagem do avô já fraco, sentado na porta da casa térrea ao lado de uma pessoa qualquer vestida de branco. A lembrança de uma versão desconhecida da sua mãe, que sempre foi pilar e que não lhe pareceu um pilar àquela altura. Não entendeu muita coisa aos 6. Sentia que ainda entendia pouco aos 32.

O fato é que a avó passou a usar, no dedo anelar, a aliança do marido depois de sua partida. Talvez por simbolismo, talvez por conforto nos dedos que incharam com a velhice. Nunca soube. Nessa época, a avó pegou a aliança que outrora usava e guardou-a numa gaveta para, alguns anos mais tarde, entregá-la à neta. E agora ela estava ali, cruzando o Atlântico pela enésima vez, brincando com a aliança dourada no seu dedo fino, ouvindo músicas tristes enquanto algumas lágrimas que resistiam aos antidepressivos antroposóficos molhavam seu rosto.

Até outro dia, seu dedo acumulava três anéis em sequência. Em primeiro lugar a aliança da avó, em segundo uma aliança dourada cravejada de um topázio azul que comprou de presente para si mesma num saguão de aeroporto e, por fim, sua aliança de casada. Já não usava a última. Entregou-a ao ex-marido havia dois meses. Pediu a ele que um dia derretesse as duas alianças, transformando-as numa joia para a miúda, sua enteada.

Ela já não sabia onde vivia. Não sabia para onde ir, o que planejar ou onde situar os sonhos sobreviventes, aos quais se apegava como quem se agarra a uma corda à beira de um penhasco. Garantiu à miúda que Lisboa sempre seria sua casa, porque era lá que ela estava. E era verdade. O problema é que nem sempre conseguimos estar em casa. E foi por isso que embarcou. Porque a cidade ainda lhe doía muito. Porque o céu azul de Lisboa tinha a cor dos olhos dele. E o raro cinzento daquele céu nos dias de outono tinha a cor do peito dela nos últimos meses. E assim não funcionava. Porque seu peito sempre foi de um amarelo claro e luminoso. O cinza fazia-a sentir-se doente. E por isso, mais uma vez, estava cruzando o oceano.

Uns anos antes, ouviu um amigo dizer que detestava a palavra resiliência. A tal palavra que nos vende infelicidade travestida de comprometimento e esperança. Perguntava-se, por vezes, se não estava a caminho de se tornar uma daquelas mulheres que transformam a própria infelicidade em uma falsa missão familiar muito nobre, confundindo a cegueira voluntária com uma oferta desmedida de amor.

Mas, talvez num ato de generosidade, ele rompeu a missão resiliente dela. Ponto final. *Minha decisão está tomada.* Ela se limitou a aceitar. E eis que ela estava ali, TP83, poltrona 20C, corredor. Não fez alarde, disse apenas que não iria negociar. Talvez tenha chegado a negociar um pouco, mas não se envergonhava de ter ido até o final. Era a única coisa que lhe garantia alguma paz de espírito naquela turbulência.

Rodava a aliança da avó no dedo, como quem tenta acelerar o tempo, até um futuro próximo no qual as coisas já estivessem um pouco mais cicatrizadas. Ouvia pela quarta vez uma música cujo refrão dizia *"Where were you in the morning, baby?"* e enxugava o rosto com o dorso da mão.

Sentia-se derrotada. Já tinha sido adepta do discurso que diz que todas as relações dão certo, o que varia é o tempo. Às vezes dão certo por três meses, às vezes por três anos, às vezes até por trinta anos. Mas já não acreditava nisso. Para ela a lógica era assustadoramente simples: me casei desejando que aquilo fosse para a vida toda. E não foi. Ponto. Não deu certo. O plano não deu certo, simples assim. Achava mais honesto consigo mesma assumir a derrota do que maquiá-la todo dia pela manhã.

Sentia-se inábil. Não queria ser daquelas pessoas que despejam toda a responsabilidade do desamor no outro. Queria evoluir, queria saber onde tinha errado. Mas, no fim das contas, a vida é cheia dessas perguntas sem resposta. Nunca saberia para onde as rotas alternativas os levariam. E, muito provavelmente, essa incógnita seria sua companheira pelo resto da vida, assim como a sarda gigante que se instaurou na sua bochecha nos últimos anos e que a incomodou mais uma vez quando foi ao banheiro do avião depois de comer aquela massa excessivamente cozida.

Sentia culpa. Sentia culpa perante seus pais, que sofriam com aquela separação tanto quanto ela. Não por moralismo ou por princípios. Por amor mesmo – o que dói infinitamente mais. Amor por ela, amor por ele, amor pelo sonho conjunto que naufragou. Sentia culpa perante a enteada, que merecia uma família sólida, merecia irmãos, merecia um lar que não fosse desfeito outra vez. Culpava-se por não ter conseguido fazer com que o amor bastasse. Porque havia amor, disso não tinha dúvida. Mas a convivência é subestimada. O amor não sobrevive a tudo. Pelo menos não aquele amor, que na sua cabeça era tão enorme, tão gigante.

Sentia vergonha. Tinha escrito tantas coisas bonitas para o mundo. Inspirou tantas histórias de amor com suas palavras doces, com sua fé nas uniões sinceras, com sua esperança imbatível que tudo atravessava. E, de repente, tudo se esfarelava, se perdia no vento, quase como um deboche à sua vontade tão latente de acreditar.

Sentia medo. O que viria dali para a frente? Sabia que viveria outras histórias de amor. Sabia que teria novos primeiros beijos e risos e noites e esperas ansiosas nos dias seguintes. Mas isso efetivamente bastaria para seguir em frente de corpo e alma? Seria capaz de recomeçar um quebra-cabeça de mil peças? Teria a coragem necessária para acreditar genuinamente outra vez? Não sabia. Realmente não sabia.

No seu casamento, foi sua avó quem abençoou as alianças. Foi um dos rituais mais bonitos que já viu na vida. Fechava os olhos e conseguia estar ali outra vez. O sol se punha por trás das árvores, a temperatura de setembro era boa. As palavras da avó, em sua voz trêmula, emocionaram todos que estavam ali. Sem exceção. Até um amigo alemão chorou.

Por que, então? Por que não funcionou? Com tanto amor, tanta vontade, tantas bênçãos? Fechou os olhos úmidos, ainda tentava entender. Abriu os olhos. A aliança da avó seguia ali. Por que para ela? Por que não para sua mãe ou sua tia, como seria lógico? Por que não para sua irmã mais velha ou para uma das suas primas? Elas se casaram antes. Elas seguiam casadas. Por que para ela? Logo ela. Aquela cujo navio naufragou. Aquela cujo *para sempre* foi um *para sempre* magro, faminto, raquítico. Aquela que não presenteou a família com bebês deslumbrantes. Aquela que naufragou, em si.

Chegou em casa. Já sentia que as malas eram meras extensões dos seus membros. Vivia de mudança. Estava sempre de partida. Estava partida. Tirou os sapatos. A geladeira vazia, o aquecedor de água desligado. Abriu o armário, retirou uma caixinha. Tirou a aliança da avó do dedo e guardou-a com lágrimas nos olhos e com plena clareza de que seu dedo magro não era capaz de honrar o peso daquela história de amor.

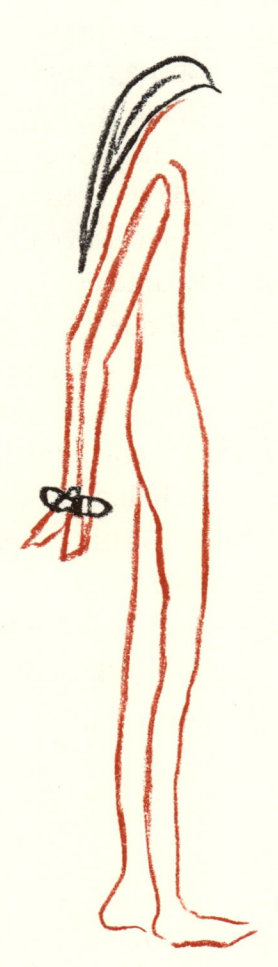

[Alerta]

Corria na rua
Mais mais mais
Até doer
Até anestesiar
Corria na rua
Corria de tudo
O que estava
Das suas costas para trás
Corria focada
Pé ante pé
Até que
– um estrondo –
Olhou para cima
Não era o fim do mundo
– ainda –
Era só um portão
Que bateu
Porque as coisas batem
– às vezes –

Estava olhando para o portão
E não foram mais de dois segundos
Entre tropeçar na raiz da árvore
E cair
De joelho
Não entendeu
O trajeto
Até estar no chão
Caída
De joelho
Na pedra portuguesa
Pontuda
Agressiva
Como se quisesse ferir
Propositalmente
Seu joelho

Se arrastou para casa
Uma dor
Que outrora
Seria difícil de narrar
Mas não agora
Que era íntima das dores
Mais profundas
Não agora
Que ela entendia
De dor

Narrou o tombo
Para muita gente
Rindo sem querer rir
Aí ouvi o estrondo
Era só um portão
Mas não deu tempo
Quando vi
Já estava no chão
De joelho
Estatelada
Contava rindo
Como se a dor não tivesse sido tanta
E como se houvesse
Razão para rir

Foram muitos meses
E médicos e sessões
E dinheiros
E dores
E dores
E dores
Foi muito tempo
Para voltar a ter um joelho
Que não doesse
Um joelho, simplesmente
Sem narrativas outras

Foi muito tempo
E nesse tempo
Descobriu
Que falar tanto
Sobre
Tombo
E dor no joelho
Não quer dizer
– em nenhum momento –
Maldizer a árvore
Que a fez cair

Este, sim, é um livro
De dor
Na alma
E no joelho
Um livro
Sobre quedas
Mas nunca um livro
Para falar mal
De árvore
Nenhuma.

Campo pequeno

Olhava para o mundo
Cheio de cores e carros
Cheio de prédios e pedras
Cheio de pessoas e passos
E tudo o que via
Era um vazio
Profundo e silencioso
Triste
Imenso
E sem propósito
Simplesmente
Porque ele havia dito
Que já não haveria *nós*
E sem *nós*
Para ela
– sangrando e confusa –
Já não havia nada.

Bolt

Era uma noite de quinta-feira
Deitada na cama, pensou no fim

– andava evitando pensar no fim
porque era uma pessoa de começos –

Afundou a cabeça no travesseiro branco
Resistiu

Pegou o celular com as mãos fracas
Mandou uma mensagem para um rapaz de olhos
    verdes
E para outro, com pele cor de chocolate amargo
Riu sem querer rir
Riu porque era o que ela sabia fazer

Retornou
Fechou os olhos
E o choro veio a galope
Convulsivo

Entendeu que o fim só existe
Quando a gente passa por ele
Como a linha de chegada de uma corrida
– mas a faixa que se atravessa
É arame farpado.

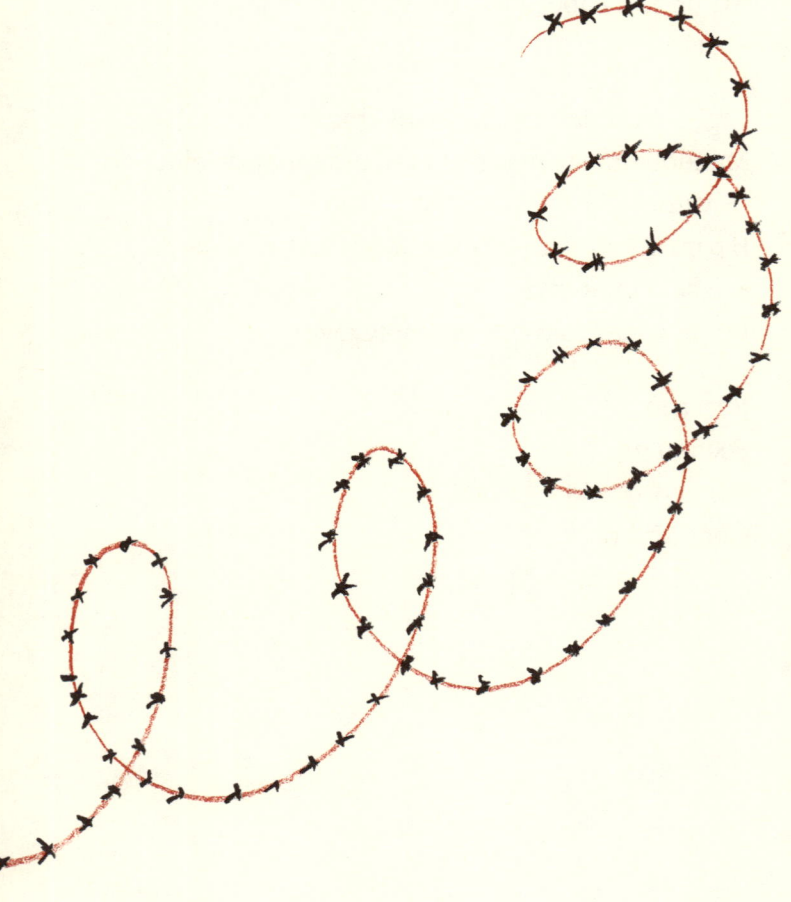

Gaveta

Encontrou um poema de dois anos antes
– daquele tempo bom –
antes da casa cair,
das certezas escoarem pelo ralo,
do peito tornar-se vazio de vermelho
e tão cheio de cinza
– daquele tempo bom –
em que havia riso
futuro e
ninho.

Leu
E ele era triste.

[Talvez o tempo bom fosse uma ficção
uma fantasia qualquer
que ela tinha inventado
por não querer ir embora.]

Não

Quando alguém sente
Que está se desfazendo
Por dentro
Ninguém deveria ousar dizer
De forma suave
Que talvez
Tenha sido melhor assim
– porque ninguém
no mundo
consegue acreditar
que essa estranha
sensação de morte
em vida
pode vir a ser
seu caminho
sangrento
para dias mais felizes

[possivelmente o melhor seja não dizer nada]
[um abraço silencioso talvez].

Engano

Quando dormiu com a miúda
Pela primeira vez
Depois do apocalipse
Ficaram de mãos dadas a noite toda

Viravam-se
Mexiam-se
E se reencontravam
A mão dela sempre estava à procura da sua
E a sua da dela

Acordou com dores na alma
Porque por tantos meses
Durante a noite
Segurou suas próprias mãos
Solitárias
Uma contra a outra

Sem saber que no quarto ao lado
Uma mãozinha
Tão mais bonita
Esperava-a
Sem desistir.

Reflexo

Cada vez que me olhava no espelho
Procurava em mim
O que teria feito ele ir embora.

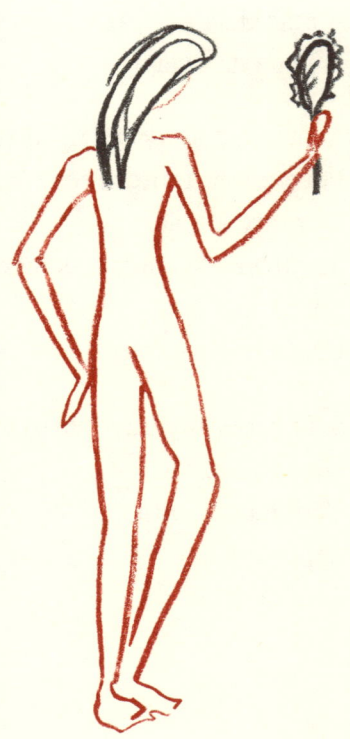

Dilacerante

Quando sofri tanto
Pela primeira vez
Descobri que casais abraçados
Mulheres grávidas
Bebês risonhos
Famílias almoçando
E mãos dadas
De diversas espécies
Podem ferir
Muito mais
Do que objetos cortantes
Pontiagudos
E armas de fogo.

Ignorância

Eu não conhecia esse nó na garganta
Que impede de comer, de beber e de gritar
Não conhecia esse medo assombroso
Do futuro [e de tudo mais que ainda virá]
Eu não conhecia essas noites tão longas
Nas quais é horrível dormir e ainda pior acordar

Eu não conhecia essa falta de ar
Essa falta de amparo, essa falta de chão
Não conhecia esse desconsolo gigante
Que faz toda resposta ser sempre não
Eu não conhecia essa angústia tão funda
Essa dor tão aguda, essa brutal solidão.

Hannemann

Sempre quis pedir perdão à minha mãe
Por aquele dia
Em que ela conseguiu me tirar de casa
E que eu me sentei no banco do passageiro
Como um defunto que a vida esqueceu de levar
E quando ela estacionou na farmácia de
    manipulação
Eu chorei e disse que não iria descer
Porque sentia vergonha dos meus olhos
E ela me disse que não havia problema
Que eu podia ficar ali
Que ia ser rápido
E eu fiquei ali
Prostrada
Com a cabeça encostada na porta
E com lágrimas que não paravam de rolar
Enquanto ela me olhava com o canto dos olhos
Pelo vidro da farmácia
Me fazendo entender
Que ela estava sofrendo tanto quanto eu
– ou mais.

Imensidão

E então chorou, sozinha.
Sozinha na cama
Sozinha no quarto
Sozinha na casa
Sozinha no bairro
Sozinha na cidade
Sozinha no país
Sozinha no continente
E sozinha
Na maior dimensão possível:
Sozinha no lugar mais assustador.
Absolutamente sozinha por dentro
– onde ninguém podia entrar
oferecer um chá e dizer que o tempo
ainda ia curar tudo.

Tortura

Prometeu para si mesma
Que dali para a frente
Seria outra
Que perderia oito quilos
Que deixaria o cabelo crescer
Que leria mais rápido
E aprenderia a grelhar peixes
Sem deixar passar do ponto
Prometeu cuidar melhor da pele
Desenvolver novos projetos
Embarcar sem medo de olhar para trás
E, acima de tudo,
Prometeu que se sentiria
Absolutamente
Segura de si

Só não atentou para o fato
De que se ela, por dentro
Desprezava de forma tão clara
Tudo o que se tornara
Naquelas três décadas
Nunca haveria forma
De se sentir segura
Ou bela
Ou pronta
Porque ela mesma
Sempre estaria ali
Pronta
Para mais uma
Violência contra si mesma.

Lógica

Ninguém entende o que estou sentindo
Porque se entendessem
Não eram sentimentos meus
Eram só palavras conhecidas
Histórias banais e repetitivas
E não esses meus sentimentos
Tão inéditos
Tão únicos
Tão profundos
Como acredito que sejam.

Desnorte

Nunca teve problemas
Com sua própria companhia
Pelo contrário
Ria das próprias piadas
Lia para si mesma
Dançava em frente
Ao espelho
Mas
Depois de tudo
Havia dias
Em que
Olhava para si mesma
Suas mãos claras
Seus joelhos
E suas sardas
E tudo o que via
Era uma metade
Perdida
Desfeita.

Mantra

"Quando você me quiser rever
Já vai me encontrar refeita
Pode crer
Olhos nos olhos
Quero ver o que você faz
Ao sentir que sem você
Eu passo bem demais"*

Mestre,
Eu quero muito
Ter coragem
Para isso.

Mas ainda não.

---

* Chico Buarque, "Olhos nos olhos", *Meus caros amigos*, 100% © por Marola Edições Musicais Ltda. Todos os direitos reservados.

Polaca

Com o rosto molhado
Tão molhado
De dor
Encolheu-se
Colando
O queixo
Ao peito
Os joelhos
Ao abdômen
Os calcanhares
Aos glúteos
E os braços
Envolvendo
A si mesma
Até ficar
Tão pequena
Quanto
Se sentia

[tinha 32 anos, mas não agora].

Inaugural

Já tinha feito uma cirurgia de grande porte
Já tinha tomado diversas injeções nas pálpebras
Já tinha cravado a quina de uma porta de vidro
    sobre seu pé direito
Já tinha arrancado quatro dentes num único dia
Já tinha desmaiado sozinha no chão frio de casa
Já tinha despencado de um balanço fincando o
    rosto no cimento
Já tinha caído de cara na rua enquanto fugia de
    uma briga
Já tinha deixado de andar por causa de um
    medicamento
E nenhuma dor tinha sido comparável
À de revê-lo pela primeira vez.

Firma

Tinha medo de muita coisa
Garagens vazias à noite
Dentes de cães desconhecidos
Portas com trancas frágeis
Motoristas apressados
Temperaturas abaixo dos oito graus
Aranhas de patas finas
Mas nunca teve medo
De papéis e canetas
Porque papéis e canetas
Eram sua especialidade
Eram seu lugar seguro
Eram o que ela sabia fazer.
Só então entendeu
Que num divórcio
Nasce uma pessoa nova
Com outro rosto
Outros bloqueios
E, acima de tudo,
Outros medos
Sobretudo de assinar papéis.

Azul

Minha maior mágoa
não é com a desistência
nem com a perda
da história de amor
mais bonita
que conhecia
até então
e que foi parar
na sarjeta
banal
como se não soubesse
quão rara
ela era.
Minha maior mágoa
é ter me tornado medrosa
e não ter tido
a chance de virar o jogo.

Minha maior mágoa
é com o medo
que passou a reinar no meu peito
medo profundo
de encontrar alguém
e viver uma história
muito diferente desta
ou
ainda pior
encontrar alguém
e viver uma história
muito igual a esta.

Fachada

Anos e anos
Estudando gênero
E emancipação
E força
E quebra de padrões
E tudo aquilo
Que ela
[achava que]
Era
Não foi suficiente
Para evitar
Uma crise de choro
E de vergonha
Ao assinalar o campo
"Divorciada"
Pela primeira vez
Num formulário
Invasivo
Qualquer.

Bloco de notas

Lembrava de García Márquez dizer que a memória do coração tem um recurso que enaltece as lembranças boas e elimina as más e que é só por isso que é possível suportar o passado.

Pensou ela
"Acho que o mestre nunca se divorciou"
Porque ele sabia muito de quase tudo
Mas não sabia que
A dor mais histérica no seu peito
Era a de quando era golpeada
Por lembranças boas
Pelos fins de semana no Alentejo
E pelas manhãs lentas de domingo
E foi por isso que anotou
Algumas dezenas de lembranças ruins
Para ler toda vez que fosse inundada
Pelo amor que ainda estava ali,
Pela vontade que não se resignava,
Pela esperança inegável
E inconsequente no passado
Implorava aos céus

Que sua memória ofuscasse as boas lembranças,
Lendo sua lista de desgostos
Como única forma que encontrou
De tentar enterrar um amor
Que ainda estava tão vivo.

Estrada

Ela tentou tanto
Comprou flores
Fez arranjos
E trocou a água
Ela insistiu tanto
Comprou porta-retratos
Imprimiu as fotos
E colocou na prateleira
Ela perseverou tanto
Comprou cenouras
Descascou uma por uma
Cortou em palitos
Ela acreditou tanto
Comprou mantas
Estendeu no sofá
E fez chá para dois
Ela tentou tanto
Que nem percebeu
Que o amor
Deveria ter
Força suficiente
Para não precisar
De provas.

Fique

Estava indo bem
Até deixar de ir
A cama chamou-a de volta
E ela encolheu-se
E afundou
Chacoalhava o peito
Com o choro descontrolado
E olhava para si
Inconformada
Porque lá se iam mais de três meses
Irritada
Obrigou-se a levantar
Vestiu um casaco
Caminhou até a praia
Sentou-se na areia
Chorou olhando o mar
Virou-se para o lado
Um casal fazia posições de yoga
Ele levantou-a com os pés
Desequilibraram-se
Riram
Ela sentiu ódio

De tudo
Da alegria deles
Do pôr do sol laranja
Do seu choro lento
Do tempo que passava para o mundo
E que seguia estagnado no seu peito.

Queria ter ficado na cama.

Entrelinhas

Pode entrar
(acho que pode)
Quer uma água?
(não queira)
Como vão as coisas?
(fale de trabalho apenas)
Preciso pegar aqueles livros
(não me apresse)
Fiquei te devendo vinte euros
(aceite)
Vou resolver os documentos
(talvez demore)
Já vai?
(sim, vá)
Até a próxima
(não me abrace).

Superior

Secretamente
Ela sempre desprezou
Casais que conseguiam a proeza
De transformar amores enormes
Em cortes e berros
Em impropérios e gritos
Em acusações e lágrimas
Secretamente
Ela quase ria
Dessa inabilidade
Dessa falta de classe
Dessa conduta lamentável
Que transforma corações perfeitos
Redondos, vermelhos, preenchidos
Em farrapos encardidos
Rasgados, jogados, repulsivos
Secretamente
Ela cultivava sua ignorância
Sua falsa superioridade
Sua falta de empatia
Secretamente

Porque ela
Não sabia de nada
Não sabia, acima de tudo,
Da dor que a esperava
No dia seguinte.

Parágrafo único

Quando aceitei
Me desafiar
Arriscar
E enfrentar
Mil e um fantasmas
Tudo o que fiz
Foi aceitar
Esses mil e um
Fantasmas
Não mais do que isso
Não mil e dois
Não seis mil
Setecentos
E quarenta
E quatro

Aceitei
Mudar de endereço
– mas nunca aceitei
encarar o retorno
solitário
com malas improvisadas –
Aceitei

Caminhar por outras ruas
– mas nunca aceitei
me ver nelas
sozinha
à noite
sem rumo.

Demorei para perceber
Que a vida
É um contrato
De cláusulas ocultas
Que assinamos
Às cegas
E que quanto mais
Boa-fé
Temos
Mais somos
Assombrados
Pelas surpresas que emergem
Em silêncio.

Barro

E então o médico perguntou, de forma sensível:

"Como você quer se ver nesse processo de separação?"

E eu só pensava que não queria ver nada.
Nem a mim, nem a ele, nem papéis ou canetas.
Não quero, não consigo, não vou.
Não. Não consigo mais. Não consigo.

Não disse nada. Perdi meu olhar na tarde.

Ele repetiu, com calma:

"Como você quer se ver nesse processo de separação?"

Respirei fundo.
Voltei a mim.
Pensei.
E vi a página do livro.
Clara, luminosa.
Respondi sem pestanejar:

"Forte, primitiva, animal
Como planta, cavalo, como água mineral."*

---

* Manoel de Barros, "Ode vingativa", *Meu quintal é maior do que o mundo* (Alfaguara, 2015).

Herança

Deixei para trás
Um armário branco
Tinha oito portas
Quatro pequenas em cima
Quatro grandes embaixo
Era tão meu
– escolhi os puxadores
cor de bronze
em espiral
medi a altura
de cada prateleira
comprei caixas floridas
para compartimentar
o vazio –
Nunca mais abri meu armário
E o armário novo
Não tem puxadores
Tem portas de correr

[o passado me puxando, o futuro me pedindo para correr].

Procura-se

A luz entrou pela janela semiaberta
Ela abriu os olhos
Olhou para o lado direito da cama
Estava ali um homem
Olhou para os seus cabelos
Suas costas nuas
Seu quadril apoiado de lado
No colchão
Pousou sua mão frágil sobre seus ombros
Sentiu sua pele quente
Suspirou
E pensou
Que aquele homem
Era um homem
Qualquer
Que, por melhor que fosse,
Só estava ali
Ocupando

O lado direito da cama
Porque ele estava vago
Desde que o dono
Daquele posto
Abdicou do cargo
Sem aviso
E sem retorno.

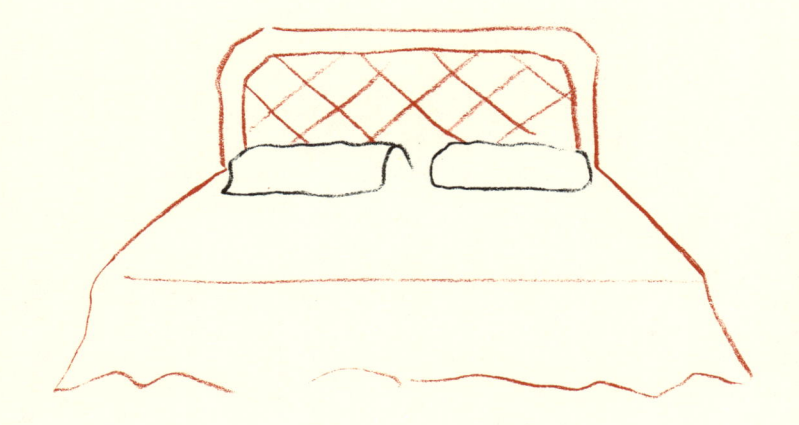

Clemência

Estava cansada
Cansada de tantas vezes
Ter de contar uma história
Que a cortava por dentro
Causando infinitas hemorragias
Impossíveis de estancar

Mas o que houve?
Vocês pareciam tão felizes.

24 horas

Houve um dia
Em que eu vi um caixa automático
E chorei
Durante muito tempo
Porque no passado
Houve um dia
De chuva
Em que ficamos sem dinheiro
Ele encostou o carro
Eu corri
Saquei dinheiro
Voltei molhada
E rimos
[e enquanto havia riso,
para mim, havia esperança].

Deserto

Nunca se esqueceu do dia
em que
– depois de tantos anos –
olhou para os olhos dele
e já não sabia onde estava.

Pêsames

Falavam muito naquela história de luto
Nas suas fases
E na necessidade de ter calma
Mas percebeu que o problema
Estava no singular
Luto
Como se fosse um só velório
Para o qual ela estava convidada
Reunindo tantas mortes simultâneas.

Percebeu que no seu peito
Jaziam tantos corpos
O corpo de um homem vivo
O corpo de um filho não tido
O corpo dela mesma enquanto par
O corpo de uma família
O corpo de uma filha que não era sua
O corpo de um lar
E ela não tinha tantas velas assim
Na sua casa nova
Vazia, improvisada e escura.

Léxico

Nossas palavras sempre ofenderão um ao outro
Não importa a intenção nem o contexto
Qualquer palavra será navalha.

Papel
Condomínio
Mochila
Alvará
Reunião
Tatuagem
Agendamento
Frigideira
Depósito
Caneta
Imobiliária
Primavera
Vazamento
Natal
Acerto
Fotografia
Seguro
Lençol

Qualquer uma delas
Ofende
Porque nenhuma delas
É a palavra amor.

Causa e efeito

Ela não o afrontou
Não o questionou
Nem pediu misericórdia
Ela não implorou
Não quebrou os vasos
Nem incendiou a casa
Ela não rolou pelo chão
Não fez ameaças
Nem o agarrou pelas pernas
Talvez por isso
Ele tenha ficado furioso.

Virada

Houve um dia
– depois de bastante tempo –
Em que ela voltou a olhar para ele
E viu uma pessoa
E não uma dor.

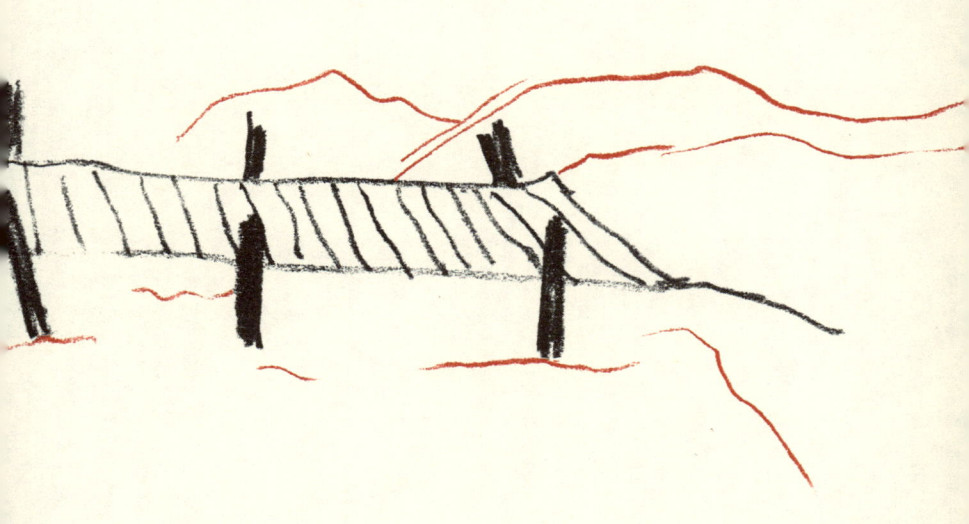

Estacionou o carro em frente à árvore imensa e antiga que só não era mais imensa e mais antiga do que sua pequena avó. Pegou a sacola da padaria no banco de trás. Abriu o portão verde. O manacá estava florido e o perfume se confundia com o cheiro que a chuva tinha deixado nos canteiros. Quase tudo ali tinha sido plantado pelo seu avô. Não sabia bem o que sentia ao pensar que as plantas viveram tão mais do que ele. Podia ser uma enorme injustiça, podia ser um deslumbre.

A avó apareceu na porta. Fez festa, bateu palmas. Era sempre assim. Ela ria seu riso mais desarmado. Talvez o único exemplar desse modelo. Abraçou os joelhos dela – coisa que só um vírus agressivo é capaz de explicar. Entrou na casa, que era o que ela conhecia de mais semelhante a um santuário. Não por ter imagens religiosas, mas por causa das plantas tão bem cuidadas, dos retratos perenes e das lembranças boas que impregnavam cada canto daquela casa térrea que resistia perto de prédios imensos que subiam desenfreados.

Sempre entrava naquela casa com algum cuidado. Não entrava com pressa. Não arremessava a bolsa em algum canto, nem jogava seu corpo no sofá como fazia em sua casa. Tinha respeito por aquelas paredes. Entrava, de fato, como quem entra num templo. Com delicadeza e uma admiração que nunca mudava. Deve ser isso que chamam de reverência.

O que mais fazia com que ela sentisse algo de sobre-humano ali era a invariável presença de seu avô. Não demoraria para que a morte dele completasse trinta anos. Mas Dona Rita nunca tinha permitido que seu atestado de óbito tivesse validade da porta para dentro. Ali não. Ali Zé Moreira seguia tão vivo quanto as violetas, os antúrios e os copos-de-leite. Ali não havia um finado marido. Ali havia um marido presente.

Seus retratos, em que aparecia sempre sorridente, exibindo um bigode rigorosamente aparado, estavam na sala, no quarto deles e no quarto que já fora dos filhos, depois dos netos e agora aguardava que os bisnetos encontrassem uma brecha em suas atribuladíssimas agendas de educação infantil para ocuparem-no, ainda que só por algumas horas numa tarde de segunda-feira.

Seus perfumes seguiam enfileirados numa estante de madeira escura. Seus desenhos, impecáveis, ainda enfeitavam a escrivaninha. Sua letra ainda estava presente em bilhetes, anotações, números de telefones que já não existiam e, sobretudo, na carta amarelada que escrevera para sua avó havia tantas décadas – e que seguia sendo lida e sentida com cadência infalível.

Às vezes pensava na ironia que existe no fato de uma viuvez sofrida ser sinônimo de uma grande sorte ao longo do tempo. Muitos atravessam a vida toda sem ter um amor digno de ser cultuado, mesmo que ausente. Outros sentem amores desse porte em seus peitos, mas sem correspondência no peito alheio. Uma viuvez sofrida é a prova verdadeira de ter encontrado o amor e a correspondência, o que lhe parecia cada vez mais uma hipótese remota, reservada para poucos.

Em algum lugar do seu desmedido amor pela avó, havia espaço para um fiapo de inveja involuntária. Em 1995 seu avô havia partido contrariado. Ele queria permanecer. E, acima de tudo, queria permanecer *com ela*. Por outro lado, quando alguém nos pede o divórcio, essa pessoa nos pede nosso aval para partir *porque quer*. Porque qualquer alternativa – solidão, outro amor, desamor ou qualquer outro risco – parece melhor do que permanecer ao nosso lado mais um pouco.

Colocou as sacolas na mesa da cozinha. Pegou os pães, que ainda estavam quentes, fazendo com que o plástico da sacola estivesse suado a ponto de umedecer o papel que os embrulhava. Abriu a garrafa da água de coco, sempre com alguma dificuldade derivada da fraqueza de suas mãos, e desembrulhou cuidadosamente uma rosca de creme com canela.

A mesa estava posta com a louça estampada com flores azuis e amarelas. Poderia jurar que aquela era uma tradicional louça de família, mas sua memória infalível frequentemente fazia o desserviço de lembrar de tudo. Era a louça de uma campanha de selos de supermercado, no fim dos anos 1990. Lembrava-se como se fosse ontem: primeiro a avó conquistou os pratos de sobremesa, depois os de jantar e por fim o jogo de chá. Era linda aquela louça da promoção do supermercado. Talvez a louça mais bonita que ela conhecia, desbancando os inúmeros aparelhos de jantar Vista Alegre nos quais comera naqueles tantos anos de Portugal.

Sentaram-se juntas, frente a frente. Sua avó usava uma blusa estampada preta e branca e um colar azul de bolinhas. Seus cabelos curtinhos – como eram desde as fotos dos anos 1940 – estavam especialmente prateados naquela tarde. Prata clara, luminosa, quase debochando de xampus que prometiam dar brilho aos fios. Ela nunca cansava de admirar aquela imagem. Nem por um segundo.

Passaram algum tempo debatendo os prós e contras de deixar a manteiga fora da geladeira. Depois migraram para o assunto geleia, que era um dos favoritos entre elas. Não importava para onde a neta fosse viajar – para perto ou para longe, despachando bagagem ou não, ela sempre voltava com um vidro de geleia para a avó. Aquela era de damasco. Sua avó tinha feito na véspera. Foi depois das conversas sobre o preço do damasco que um breve silêncio se instaurou.

E então veio a pergunta: *Como você está, filha?*

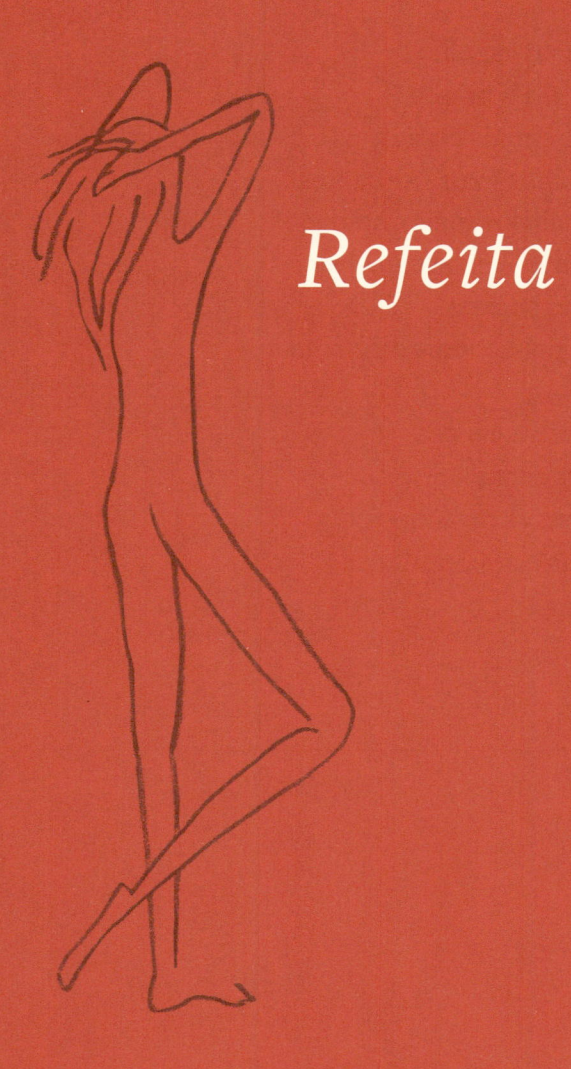

Refeita

Conquista

Olhou-se no espelho
Já esteve mais bonita
Com a pele mais corada
Com os olhos mais brilhantes
Com os cabelos mais ondulados
Certamente já esteve melhor
Mas olhou-se bem
Com um pouco mais de calma
E sorriu
Balançando a cabeça
Afirmativamente
Porque estava orgulhosa
Profundamente orgulhosa
Por estar ali
De pé.

Centro norte

Ele era desconhecido
Ele era o novo
Embora parecesse
Sempre ter estado
Ali
Ele era tanto
Tanta coisa
Ele era muito
Muito mesmo
Ele sabia de tudo
Até das histórias
Que nunca tinham sido contadas
Conhecia todos os lugares
Inclusive os que nem existem no mapa
Já tinha estado
Com todas as pessoas que importavam
[até mesmo com ela]
Ela olhava para ele
E não sabia
Se se sentia pequena
Ou se se sentia gigante
Por estar ali
Naquele lugar improvável
Ela não conseguia entender

E então
Recuava
Como um gato
Que ninguém sabe
Se está com medo
Ou se não se importa
Minimamente.

Contato

Era uma noite quente
Calçou aqueles sapatos novos
[que a transformavam outra vez nela mesma]
Entrou no carro
Pegou a avenida
Lembrou-se que precisava dizer algo a ele
[aquele ele, aquele ele do passado que ainda insistia
    em ser presente]
Algo burocrático e profilático
Olhou para a tela do celular
Foi buscar o contato
E precisou pensar, por uma fração de segundo,
    no nome dele
Não chegou a esquecer
Mas precisou pensar
E então entendeu
Que ele já não era mais uma parte dela
Que ele já estava do lado de fora
Depois de tantos anos do lado de dentro.

Ela dançou a noite toda.

Rosé

A casa nova ainda não era dela
No papel, acima de tudo, não era dela
Mas ela entrou
Cuidadosa
Respirou fundo
Olhou para as paredes
Organizou 15 livros em cima de uma mesa
Maya e suas verdades
Virginia e sua bússola
Isabel e sua esperança
Enfileirou 12 pares de sapato
Tão diferentes
Uns dos outros
Como ela
E suas versões
Comprou banana-prata
Uma garrafa de rosé
E colocou lençóis floridos na cama
Sentou-se no chão da varanda
Era uma noite de verão

Abraçou seus joelhos
Olhou para o céu
– ventou –
E ela entendeu
Que a casa já era dela
Porque ela
Em si
Já era a própria casa.

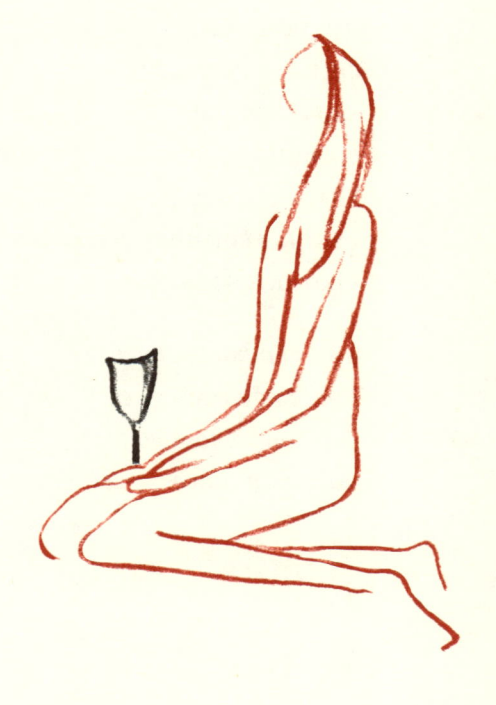

Cor(d)as

Olhou para o chão
Simplesmente como forma mais fácil
De não olhar para aquele outro homem
Tão recente
E improvisado
Até que olhou para ele
– e corou.
Não entendeu bem
O incidente
Não estava habituada
A ter vergonha
Sentiu-se pequena
Constrangida
Sentiu que precisava de alguém
Para pegar sua mão
Levantar sutilmente o seu rosto
Olhar nos seus olhos e dizer

Vamos embora, querida
Se você não consegue
Olhar nos olhos dele
Esse ainda não é o seu lugar.

Vende-se

Tantos conselhos.

Você não deveria.
Você precisa se apressar.
Você não pode ficar assim.
Você está exagerando.

Fiquem em silêncio.

Eu vou me agarrar a qualquer boia
Que passe por mim
No meio desse oceano de lágrimas.

Dispenso julgamentos travestidos de conselhos.

Me elogiem por estar viva
Ou simplesmente não digam nada.

Sutil

Sonhou com as estátuas de Wall Street
Com o touro feroz
Que avança
Implacável
Frente à menina
Pequena
Mas sólida
Com suas mãos na cintura
Corajosa e improvável
Amanheceu
Com medo do touro
E com medo de tudo
O que lhe fazia
Lembrar do touro
Com medo, sim,
Mas sabendo que,
Como a menina,
Ela estaria firme
Ainda que insegura.

[Mas ela não tinha entendido
que naquele sonho
ela era a menina
mas ela também era
o touro
que avança implacável
apesar de tudo.]

Verde maduro

Ele veio
E ainda era o mesmo
Dos tempos de criança
Exceto por haver um homem
Envelopando
Aquele menino
Tão conhecido
Seu riso era o mesmo
E os medos bobos
E os olhos escorregadios
E a falta de jeito
Pouco mudou
Exceto aquele envelope
De braços longos
Ombros largos
E de objetivos tão definidos
Ele veio
E sabia para onde vinha
E o que queria
E qual era o rumo certo
Ela não sabia

E talvez
Ainda fosse a mesma
Dos tempos de criança
Risonha
Quase ingênua
Achando que controlava
Quase tudo
E não controlava
Quase nada
Ele veio
Ela abriu a porta
E ele entrou.

Cais

Meu pai sempre honrou a palavra pai
Meu pai sempre me ofereceu
Sem qualquer ônus
Aquele tesouro raro
De valor assombroso
Chamado exemplo
Meu pai me deu
A segurança rara
A certeza preciosa
De estar
De sempre estar
Onde quer que eu estivesse
E eu demorei para perceber
Que quando olhava para os homens
Que cruzavam meu caminho
Buscava neles
Insistentemente
Um reflexo nítido
Daquela força, daquele ninho
Daquele oásis, daquele norte
Buscava neles
A extensão daquelas certezas
Sem as quais
Eu não saberia viver

Buscava
Quando na verdade
Era tão evidente
Que todas elas
Não tinham que estar neles
(embora até pudessem estar)
Porque quando um pai
Nos banha todo dia
Com essas águas certas
Elas entram
Permanecem
E se enraízam
E florescem
Nessas meninas
Que um belo dia
Descobrem ser
Força
E ninho
E oásis
E norte
De si mesmas.

Arranque

Sim
Eu sei
Sei que você chegou ontem
Às 20:47
Sei que já passou a noite
E a madrugada
E a manhã
Eu sei
Que o relógio já avançou
Para a hora do almoço
E que a tão valiosa
Tarde do sábado
Já se instalou no dia
Mas
– sabe –
Eu, ainda assim,
Queria que você ficasse.

Inoportuno

Ela se perguntava
O que haveria
Por trás
Daqueles olhos
Que olharam tantas vezes
Para os seus
– tão banais
com cor de chocolate
tão sem enigmas
como ela
inteira –
Lembrava
Dos olhos translúcidos
Iluminados pela claridade
Que vinha da janela
Atravessava
A água
Que despencava do chuveiro
Até encontrar
Aqueles olhos
Sobre os quais
Sabia tão pouco.

Surpresa

Eu já sabia
Que havia homens
Que iam embora
Depois de prometer
Que ficariam para sempre
Mas agora
Estou aprendendo
Que há muitos homens
Que vão embora
Antes mesmo de chegar.

16:25

As tardes eram diferentes
Antes de tudo isso
Eram outras
As minhas tardes

Naquele tempo
As tardes eram de extremos
Tão, tão boas
Tão, tão sofridas
Mas
Acontece que
As tardes
Não foram feitas
Para tantos picos
E tantas fossas
Isso é coisa para as madrugadas
As tardes existem
Para deslizar
De forma tranquila
Entre as manhãs
E as noites

Eu atravesso um vendaval
Tantos outros picos
E infinitas fossas
Todos os dias
Mas reparo
Tímida
Que já tenho tardes
Que são só tardes
Sem dramas
Sem choro
Sem fogos de artifício
Tardes, apenas.

E talvez isso seja um bom presságio.

Municipal

Dois encontros.
De repente:

"Peço desculpas
Mas preciso ir.

Não tenho nada
A te acrescentar.

Você brilha demais.
Ri demais.

E eu sinto
Que só
Te subtrairia"

Ela leu.
E perdeu o riso.
E perdeu o brilho.

Subtração.

Não

Um novo amor não vai te refazer
Roupas novas não vão te transformar
Garrafas de vinho não vão apagar suas dores
Quilos perdidos não vão te fazer acreditar de novo
Beijos ardentes não vão te fazer esquecer o passado
Não
Eles até podem ser estradas
Mas você tem que caminhar sozinha
– e pode demorar.

Manicômio

Projetou nele
– um homem qualquer –
Seus desejos
Suas esperanças
Suas vontades
Seus traumas
Seus medos
Seu passado
Seu suposto futuro

Despejou nele
Tudo o que era dela
E que nunca seria dele
Até o ponto
Em que seu rosto
Se tornou um borrão
Uma imagem estranha
Que assombrava
Seus pensamentos
Como uma alma penada
Que ela mesma
Instituiu em sua vida

Sem que ele
Ao menos
Soubesse.

Tantos

Não entendia bem
Se aquelas dezenas de mensagens
Pipocando em sua tela
Com convites
E propostas
E charmes
E elogios
Eram uma perspectiva
De um futuro bom
Ou a prova cabal
De uma solidão
Extrema.

Par

Acordou sozinha
Escolheu sua música
Lavou sua louça
Procurou a tampa
De uma vasilha
Não achou
E tudo bem
Percebeu que conseguia ser completa
    mesmo assim.

Impermeável

Ele entrou no seu carro
Eram amantes de longa data
Três ou quatro dias
Não sabia ao certo
Ele entrou
Ela riu
Ele riu
Riram
Riam sempre
Então ele criou coragem
E disse
Disse uma
Disse duas
Disse quatro
Talvez sete coisas boas
Sobre ela
Coisas sobre as quais
Ela nunca pensara
Mas coisas
Que ela era
– verdade –
Coisas que ela
Realmente era
Sorriu

Desconcertada
E pensou
Pela primeira vez
Em tantos anos
"Ser quem eu sou
Basta".

[Alguns homens
merecem agradecimento.]

Meia-luz

De tudo o que conheci
Nada se parece com ele
Até porque
Ele não caberia
Em nenhum roteiro
Suas cores intensas
Seu sotaque desejado
Sua conversa improvável
Seus pensamentos
Tão inadequadamente
Inesperados
– dado seu gênero –
Surpresa atrás de surpresa
Observo
E penso que
De tudo que conheci
A única coisa
Que me remete a ele
É a palavra
Desconhecido
No seu sentido
Mais espetacular

E mais assustador
Sim
Tenho medo
E muita vontade também.

Luz inteira

O desconhecido
Costuma ser algo temporário
Assim como
O medo do escuro
E de tudo
O que nele
Se esconde

O desconhecido
– assim como a noite –
Iluminado
Pela luz da lua
Vai ganhando contornos
E formas
Que
Quando percebemos
Já se tornaram conhecidas
Familiares
E desejadas.

Claridade

São raras
Tão raras
As noites
Escuras
E confusas
Em que tudo
Parece
Tão claro

[aquela noite de março foi uma dessas].

Terminal

Tinha medo de voar
Mas tinha ainda mais medo
De não ir.

Hunter

Em um deles buscou o mundo, o futuro e inúmeras possibilidades
Em outro buscou referências conhecidas, lugares já visitados
Num outro procurou um regresso às suas falsas raízes

[nada acabava fazendo sentido]

Depois procurou um estereótipo, um protótipo bem definido
Depois, em outro, uma página em branco, uma folha limpa
E buscou também problemas desnecessários e emoções baratas

[levou tempo para entender que o sentido só viria quando não estivesse numa busca tão sedenta por ele].

Aparição

A palavra que mais assusta
Não é trauma
Nem mágoa
Nem rejeição
A palavra que apavora
Que faz tremer
E que assombra
Quando reaparece
No fim da rua
Sorrateira
É aquela tal
Palavra
Amor.

Evidente

Pegou uma taça de vinho
Sentou-se no sofá novo
Cruzou as pernas
Abriu um livro de poesia
Olhou para o entardecer
Sorriu de canto

[como pôde pensar, num dado momento, que a vida nunca mais faria sentido?]

Talvez

Talvez
Mais hora
Menos hora
Eu seja capaz
De te olhar
Com um afeto
Que não seja
Aparentado
Dessa grande melancolia
Talvez
Um dia desses
Consiga ver no seu rosto
Memórias
Com sentido
E não
Memórias
Que doem
Escandalosamente
Talvez
Eu consiga
Sorrir sem mostrar os dentes
Sem sarcasmo

Nem exagero
Sem medo
Nem desconfiança
Olhar para você
E ver uma pessoa
Que já fez sentido
Como presente
E futuro
E que hoje
Faz sentido
Como passado
Em paz.

Voivodic

Quando ela chegou
Com seus olhos de abraço
E uma orquídea amarela nas mãos
Eu sorri um sorriso triste
E ela me prometeu ser uma questão de tempo
E eu fingi acreditar
Desacreditando

Um ano mais tarde
Quando a orquídea floriu outra vez
Eu olhei para aquela flor
Tão amarela
Que desabrochava
Como um novo sol
E sorri de verdade
Porque lembrei
Que ela sempre tem razão.

Erro

Pode trazer uma garrafa de vinho
Se quiser
Sim
Traga uma garrafa de vinho
Ou quatro garrafas
Talvez
Porque posso precisar delas
Para pelo menos tentar
Levar isso adiante.

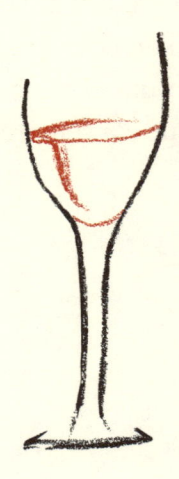

Hipótese

Talvez seja possível
Haver riso às 6 da manhã
Talvez seja possível
Abraçar e ser abraçada de volta
Talvez seja possível
Paz enquanto se toma café
Talvez seja possível
Que a música escolhida não incomode
Talvez seja possível
Sentir-me bem-vinda na minha casa
Talvez seja possível.

Ordem

Arrumava a casa quando ele vinha
Guardava os biquínis espalhados
Tirava o lixo do banheiro
Perfumava as almofadas
Secava a louça do almoço
Aspirava o chão com cuidado
Deixava tudo organizado
Como nunca
Porque no fundo
Já sabia
Que quando ele ia embora
Ficava uma bagunça
Enorme
Dentro dela.

Posse

Só um abajur ilumina a sala
Olho de frente para ele
Fecho os olhos devagar
Jogo a cabeça para o lado
Deslizo o cabelo para trás
Disponibilizo meu pescoço
Meu cheiro
Minha porta de entrada
Baixo a guarda
E ao lado da minha coxa
Seguro sua mão com força
Suspiro sem perceber
– o calor da noite
o sabor do vinho –
Me entrego
Me ofereço
Me perco
E percebo
Que nunca me senti
Tão minha.

Consul

A geladeira prateada
Sempre vazia
Que tantos estranhavam
Para ela
Era um prêmio
Um troféu
Era sua forma
Peculiar
De gritar
"Não me sujeito mais"
Não haverá hortelã
Não haverá fermento
Muito menos carne de porco
Sua geladeira vazia
Sem compromissos
Sem dependências
Sem interferências
Era seu passaporte
Diário
Para a liberdade.

Naïf

Nem sempre se entende
Que quando há calma
E um sorriso leve
E há conforto
Frequentemente
Estamos olhando
Para uma coisa rara
[muitas vezes incompreendida]
Que alguns chamam de amor.

Confissão

A verdade é que eu quero
Quero muito
Todas essas plantas verdes espalhadas
E tudo mais que eu nunca pedi
Eu quero, embora tente não querer
Quero me entregar de novo
Outra vez para duas gerações
Quero desbravar paisagens desconhecidas
Quero esse sotaque ininteligível
Sim, quero
A verdade é que quero
E resisto e me apavoro
Mas quero me sentir abraçada
A ponto de não ter medo do dia seguinte
E quero as tais tardes lentas
As páginas divididas
As panelas na pia
E talvez até algumas coisas na geladeira
Acima de tudo

Quero os olhos que se encontram sem receio
A verdade é que eu quero
Quero entregar os pontos
Montar o cavalo desconhecido
E seguir para onde ele quiser me levar.

Homem

Olhava para suas mãos
Tão largas
Tão longas
Tão fortes
Olhava para suas mãos
Tão abertas
Tão prontas
Tão presentes
Olhava para suas mãos
Tão calmas
Tão intensas
Tão seguras
E se perguntava
Se poderia mesmo
Acreditar
Naquele paraíso.

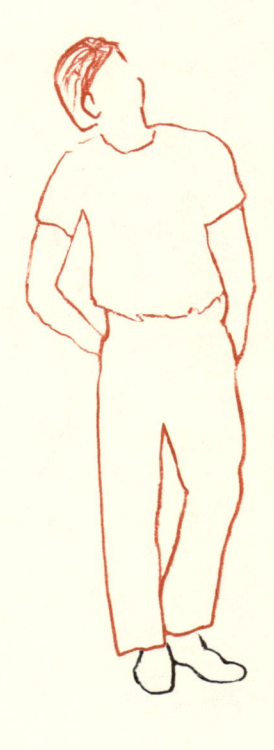

Segundo grau

Descobriu, num dado momento,
Que era capaz de lidar com a dor
Que conseguia manejar a solidão
Que sabia se reerguer e caminhar
Mas descobriu seu ponto cego
Que era sua total incapacidade de lidar
Com coisas que não compreendia

Talvez por isso estudasse tanto
Não por compromisso intelectual
Ou por um pedido intenso da alma
Mas por sua necessidade urgente
De resumir as equações de vida
A resultados muito claros: $x=4$
Sem dízimas, vírgulas ou casas decimais

Tentava, assim, resumir o amor e suas variáveis
A números pares ou ímpares
Divisíveis ou não por três
Tentava classificá-los de forma racional
Em pastas, arquivos e gavetas
Como verdadeiros dossiês
Dentro do seu peito asséptico

Levou tempo para compreender
– não sem resistência ou inconformismo –
Que os amores não funcionam assim
Que às vezes não há resultado nenhum
Para o seu tão perseguido valor de x
E que teria de lidar para sempre com as dúvidas
Porque certas coisas simplesmente não cabem em fórmulas.

Ajuda

Vem pra cá
Chega logo
Me olha com calma
E me diz
Que essas dores
Que insistem em ficar
Já estão de saída.

Rumo

No passado
Eu me questionava
Se queria viver
A vida dos sonhos
Ou se queria
Viver a vida livre
Mas
Talvez agora
Eu esteja entendendo
Que se a vida dos sonhos
Não for
A vida livre
Talvez haja
Algo de muito errado
Com meus sonhos.

Páginas

Tive tanta vontade
De que o novo fosse bom
Uma vontade tão genuína
De que o novo
Estivesse totalmente
Desvinculado
Do passado
E de tudo o que ele trazia
Consigo
Tive tanta, tanta vontade
De que agora funcionasse
De que agora desse certo
De que agora houvesse sentido
Tanta vontade
Que no fundo
– percebi –
Ofusquei
Meu desejo
Pelo novo
Com o meu imenso
Medo
Do velho.

Senha

Se você quiser
Me ouvir falar sobre meus livros
E se quiser me contar sobre os seus
Pode entrar.

Um dia

Quando ele me olha
Revira seus olhos
E sorri
Incrédulo
Como quem diz
Que nem acredita
Que eu possa existir
Eu me sinto
Tão bem
Que até acredito
Que um dia
Acreditarei
Em mim mesma
Sem precisar
De nenhum olhar
Alheio.

Duelo

Me flagrei
Por um breve instante
Acreditando
Novamente
Naquele tipo
De coisa
Acreditando
Em tudo aquilo
Que perdi
[*então percebi*
o mecanismo
me assustei
e lancei logo
uma sanção
rigorosa
sobre meus
pensamentos]
Mas logo
Me flagrei
Outra vez
Sorrindo
Com os lábios fechados
Imaginando

Coisas boas
E outras hipóteses
Infantis
– *minha querida*
não faça isso
pés no chão
volte pra cá
lembre-se
de tudo o que houve
todo sofrimento
e racionalize –
Mas pouco depois
Me flagrei
Com o olhar
Perdido
Pensando
Num futuro bom
De riso
E paixão
E amanhã
E conforto

Precisei
De três doses
De esperança
Seguidas
Para perceber
Que quem
Deveria ser silenciada
Era a opressora
Ferida
Que se apossou
Temporariamente
De mim
E não a alma
Esperançosa
E risonha
Que acreditava
E ainda acredita
– apesar de tudo.

Retornos

Fez as malas
Pegou a bolsa
Arremessou o passaporte
Para dentro
Vestiu o blazer
Hidratou os lábios
E finalmente
Se viu
Outra vez
Em si mesma.

Cicatrização

Sentiu saudades de outro
Pela primeira vez
Saudades genuínas
Estendeu o braço direito na cama vazia
– sim, cama vazia, não mais a cama de um ausente –
Fechou os olhos
Sentiu seu cheiro na memória
Levou as mãos ao rosto
Percebeu
– devagar e medrosa –
Que amava outra vez.

[E que isso até parecia não ser
Uma desgraça, assim, tão enorme.]

Epifania

Gostava de si quando saía para trabalhar, cabelos lavados e um colar bonito.
Gostava de si quando pagava o boleto do condomínio e a conta de luz.
Gostava de si quando fazia uma tapioca razoável e uma vitamina de banana.
Gostava de si quando terminava de ler um livro.
Gostava de si quando voltava suada de uma corrida.
Gostava de si quando era capaz de assistir uma série sozinha.
Gostava de si quando fazia um chá e olhava o dia pela janela.
Percebeu que gostava de si – e que tudo bem se nem todos gostassem.

Pode vir

Pode vir
Eu já desci as grades
E saí da jaula
Pode vir
Eu já tirei minha armadura
De papel machê
Pode vir
Eu já desisti do discurso
De não querer ninguém
De não acreditar mais
Nos alicerces
Pode vir:
já sou eu mesma
outra vez.

Estou pronta.

Imagem

Meu filho
Mudou de cara
Seu rosto
Ganhou novos contornos
Seus olhos
Mudaram de cor
Seu cabelo
Tem outra textura
Suas roupas
Já não são as mesmas
Nem seu nome
Se manteve
Como antes
Meu filho
Nem existe
Mas é impressionante
O quanto ele mudou
Nos últimos meses.

Ateneo

Eu sabia que ele viria
E então puxei a poesia do Leminski
Para a frente da estante
Deixei o Chico em destaque
E as capas duras de Gertrude Stein
– numa fraude acidental –
Abertas sobre a mesa
Lancei o abajur frente a
Vinicius, Virginia
Balzac, Turgeniev
Pronto
Estava feito
Nada muito ostensivo
Razoável, até
Arrumei tudo
Apressada
Para recebê-lo
Sem saber
Que a única coisa
Que importava
Para ele

Eram meus olhos
Simples
Desarmados
E sem bibliografia.

Magia

E de repente
As músicas bonitas voltaram a fazer sentido
As flores passaram a ter cheiro de futuro
E não de passado
As manhãs de sol se tornaram convites
E não recibos de ausência
De repente
Até as noites solitárias voltaram a ser desejadas
Filmes românticos conseguiram ter alguma graça
E, no espelho, aquele rosto já começava a se
    assemelhar ao meu.

Indigesto

Amar de novo
Só vai fazer sentido
Quando você amar alguém
E não a ideia
De se sentir amada.

Hábitos

Nem sempre é bom sentar no banco do motorista
Nem sempre é ruim sentar no banco do passageiro
É bom saber dirigir
É bom saber ser levada
Mas a gente tende a escolher um lugar só
Fixo, cativo
E quando precisa sair dele
Parece que a estrada, em si,
Se desfaz
E não há maneira
De seguir viagem
É bom saber dirigir
É bom saber ser levada
É bom saber mudar de banco
– e não ficar apavorada.

Tempo

Não sei se perdoar
É a palavra certa
Talvez seja apenas
Entender
E hoje eu te entendo
Em alguma medida
Não faria do mesmo jeito
Nem tomaria as mesmas decisões
Porque eu sou eu
E você é você
– melhor assim –
Mas eu entendo
De alguma maneira
O seu trajeto
E as suas intenções
Que não eram más
E que me machucaram
Porque não podia
Ser diferente
Fosse qual fosse
A mudança
Nunca seria indolor
Eu entendo

E entender
Me faz achar
Que talvez eu já não precise
Te perdoar
"você vem – mas vai passar
você passa – eis a beleza
sorridentes, abraçados"
[nem tanto]
"tentaremos viver sem mágoa,
mesmo sendo diferentes
como duas gotas d'água".*

---

* Wisława Szymborska, "Nada duas vezes", *Um amor feliz* (Companhia das Letras, 2016).

Catarse

Um belo dia
– talvez uma quinta-feira
meio cinzenta
sem charme algum –

você descobre que é possível
tudo aquilo que você achava
que não era possível
de jeito nenhum

flores em dia de semana
coração em paz
um olhar devoto
você é tão bonita

futuro.

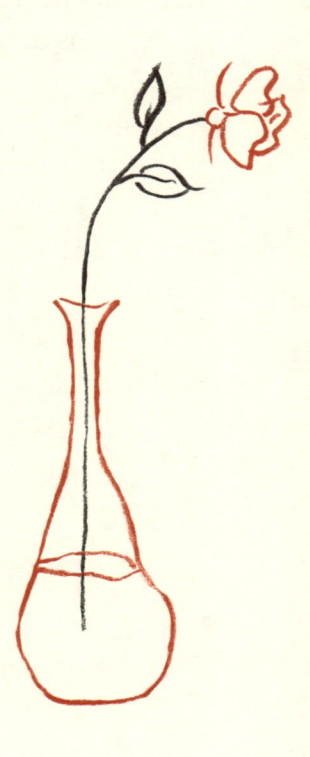

Gracias a la vida

O sol entrava, ainda um pouco turvo, pelas fendas
 das persianas
Abri os olhos e senti seus braços pesados em volta
 de mim
Sua cabeça quente apoiando a minha, sua
 respiração tranquila e presente
Ainda dormindo ele beijou a minha testa e me
 puxou para mais perto
Não eram nem seis e meia da manhã e quatro
 lágrimas despejaram dos meus olhos.

Desfecho

A coisa mais bonita da minha história
É que o homem que apareceu para me salvar
Era uma mulher
Que eu conhecia havia muitos anos
Uma mulher
Que morava no espelho do banheiro
Nos reflexos das panelas
E dos vidros dos carros

Uma mulher
Que, até então,
Nunca soube ser capaz
De resgatar alguém do fundo de um poço
Colocando um corpo moribundo sobre seus
    ombros
Subindo metros e metros
Num esforço solitário e sobre-humano
Que recomeçava todas as manhãs

Uma mulher
Que fazia essa proeza
Enquanto trabalhava
Sorria para fotos
Brincava com suas crianças

Corria na rua
Conhecia novos homens
Anestesiava suas dores
E escrevia poesias

Uma mulher
Que ninguém diria
Estar em meio a um resgate
Urgente
Doloroso
Asfixiante
E que seguia
Dia após dia
Com aquele corpo nos ombros
Alimentando-o
Correndo as mãos por seus cabelos
Segurando suas mãos frias
Dizendo calmamente
"Você vai ficar bem
Sem pressa
Você vai ficar bem"

A coisa mais bonita da minha história
Foi ter descoberto que eu era capaz
De evitar o meu próprio fim
E de virar as páginas lentamente
Até o sol nascer de novo.

A pergunta seguia engasgada em sua garganta, sem indício de trégua. Quanto mais o tempo passava, mais fundo se consolidava o abismo que havia entre ela e a capacidade de entender aquela decisão sobre a aliança. Por quê? Por que para ela? Era uma repetição quase mecânica. O anel seguia na caixinha de veludo, fechado no armário, como se esperasse um habeas corpus para voltar a ver as ruas.

Numa tarde quente de novembro buscou sua avó em casa e foram juntas a uma loja de jardinagem. Caminhavam entre orquídeas de todas as cores e tamanhos, com seus preços estonteantes. Ela mimetizava os passos cuidadosos e inseguros dos 90 anos da avó, abrindo mão da certeza dos seus passos de quem ainda tem 30. Pé ante pé, desbravavam o universo de flores e folhas.

Decidiram juntas comprar vasinhos iguais para suas casas. Era uma planta pequena, de folhas que misturavam verde, rosa e branco. Segundo sua avó, uma plantinha torcedora da Estação Primeira de Mangueira. Pegaram aqueles dois tesouros que, por causa da *black november*, tiveram irresistíveis 15% de desconto, totalizando R$ 6,22 cada um, e foram para o carro.

Assim que se acomodaram, sua avó pediu a ela que contasse um pouco sobre seu livro novo. Ela contou que eram poesias. Poesias sobre sofrer, sobre tentar evoluir e se reerguer – *talvez seja um livro meio piegas, vó, não sei, mas é o que eu sinto que preciso escrever agora, sabe?* A avó olhou para ela e sorriu. Disse que, na época dela, escrever sobre amor e dor era uma coisa admirável – e que ninguém deveria achar que a vida real é piegas. Sorriram ambas.

Na sequência perguntou sobre seu doutorado. Ela contou, satisfeita, que agora que tinha sido aprovada por unanimidade na banca, era só depositar a versão definitiva da tese, com algumas poucas alterações, e pronto – fim de ciclo. *Foram muitos anos, não foram, filha?* Concordou, dizendo que foram mais de seis.

Depois de dizer isso ela percebeu que seu doutorado e seu casamento tinham durado basicamente o mesmo tempo. Perguntou a si mesma se poderia se considerar doutora em como fazer um casamento dar errado. Riu por dentro, embora não achasse graça nenhuma. Seus pensamentos masoquistas forem interrompidos pela voz da avó.

Rutinha, quando vi seu nome impresso na capa da sua tese, com o sobrenome do meu pai – Olivier – e o do seu avô – Moreira –, fiquei tão emocionada... Você não sabe como eles ficariam felizes, dentro da simplicidade deles – que ninguém era doutor de nada –, de saber que a bisneta – ou neta – um dia seria doutora por uma universidade europeia.

E eu, você sabe, filha, eu me realizo através de você. Já te contei muitas vezes a história de ter dito ao meu pai que iria me candidatar ao vestibular da Cásper Líbero, assim que anunciaram a inauguração do curso de jornalismo, e ouvir ele dizer que jornalismo era profissão para homem. Minha frustração foi tão grande que decidi não estudar mais nada. Dediquei a vida ao seu avô e aos filhos. Não me arrependo, mas confesso que meu coração fica bem mais completo quando abro o jornal e encontro sua coluna.

Não era a primeira nem a segunda vez que ela ouvia aquela história. E, ainda assim, nunca deixava de se emocionar. Lembrava-se perfeitamente do dia em que dera a notícia à sua avó: *Vou ter uma coluna no jornal que você lê. Aos domingos.* Os olhos de ambas se encheram de lágrimas. A partir de então, a frase seria repetida muitas vezes: *Filha, eu me realizo através de você.*

Pararam para comprar hambúrgueres. Sobre esse fato, vale uma nota: duas coisas curiosas aconteceram no ano de 2018. Ela completou 30 anos em junho e, do dia para a noite, passou a gostar de cogumelos. Sua avó completou 90 em novembro e tornou-se obcecada por hambúrgueres com batatas fritas. A partir de então o estrogonofe da avó não precisava mais ser sem champignons para ela, e os almoços fora de ambas passaram a ser, invariavelmente, no McDonald's.

Pegaram os sacos de papel pardo, as bebidas e voltaram para casa. Sentaram-se na cozinha e, enquanto comia seu quarterão com queijo, a avó dizia: Não sei o que me deixa mais feliz, se o hambúrguer ou a sua companhia. Ela sorriu e, de repente, sem que houvesse planejamento ou ensaio, disse: Vó, *posso te perguntar uma coisa? Por que você me deu sua aliança de casada? Por que não guardou com você? Por que não deu pra qualquer outra pessoa da família? Por que logo pra mim, que fui a pessoa que teve o casamento menos duradouro da história dessa família? Eu sei que você me deu bem antes de eu casar. Mas mesmo assim. Tanta gente mais vocacionada ao matrimônio do que eu... Por quê? Por que pra mim?*

O silêncio tomou conta da cozinha. Até se conseguiu ouvir um sabiá que cantava em alguma árvore não tão perto dali. A avó suspirou. Olhou um pouco para o teto. Um olhar de quem tenta encontrar as palavras certas. Foram uns 5 segundos, mas pareceram ser algumas horas.

Filha, esse meu presente pra você nunca teve a ver com casamento. Pelo menos não com o tipo de casamento em que você está pensando. Você sabe que minha relação com o seu avô foi a maior riqueza que tive na vida. Porque dela vieram meus filhos, meus netos, meus bisnetos. E anos e anos de amor e companheirismo.

Mas houve um encontro que eu nunca tive, um caminho que nunca percorri. Eu nunca encontrei a minha carreira, o meu trabalho, o meu dom. Esse casamento eu não tive. Eu sonhei com ele e ele nunca aconteceu. E, sabe? Eu até acho que escrevo bem e que teria sido uma boa jornalista, quiçá uma boa escritora. Mas era "profissão de homem", como disse meu pai. Eu tive uma vida feliz – e sou grata por ela. Mas faltou um pedaço.

Acho que te dei esse anel como forma de casar com a carreira que eu não tive, com as páginas de jornal que não estampei, com os livros que poderia ter vindo a escrever. E, você sabe, o dinheiro da pensão é curto, eu não poderia te comprar uma joia pra expressar meu orgulho. Acho que foi por essas razões que te dei o anel.

E sabe, filha, eu não tenho dúvidas de que você vai construir outra história de amor. Outro lar, outra família. Olhe só pra você, Rutinha. Você também não deveria ter dúvidas. Mas eu francamente não me preocupo com isso. Porque eu olho para você e vejo uma mulher completa.

* * *

Naquela noite ela chegou em casa, descalçou as sandálias, deixou a bolsa no sofá. Não foi beber uma água, nem foi regar as plantas. Dirigiu-se diretamente para o armário. Pegou a caixinha de veludo, abriu devagar. Olhou para o anel. Sorriu. Ela já não tinha medo. Pegou o anel e colocou em seu dedo magro, certa de que suas mãos tinham plenas condições de honrar aquela história de amor, porque elas tinham plenas condições de segurar uma caneta.

Agradecimentos

À minha mãe, Maró. Parceira de colo quando a dor era muita, parceira de livro e de cicatrização.

A toda a minha família, pelo afeto e pela certeza de que tenho muitos lares.

Ao meu pai, por seguir existindo.

Ao Agu, por entender, aceitar e celebrar minhas páginas anteriores, mas principalmente por ser minhas páginas futuras.

À Marina Dutra, por dividir tudo comigo. Até as dores comuns.

Ao Zack Magiezi, por insistir tanto para que eu escrevesse nessa fase.

Ao Murilo, por ajudar a transformar minha dor.

À Nana, por cada vez mais solidez.

À Sextante e toda a sua equipe, por serem minha casa.

CONHEÇA OS LIVROS DE RUTH MANUS

Um dia ainda vamos rir de tudo isso

Mulheres não são chatas, mulheres estão exaustas

10 histórias para tentar entender um mundo caótico
(com Jamil Chade)

Guia prático antimachismo

Desfeita, refeita

Para saber mais sobre os títulos e autores da Editora Sextante,
visite o nosso site e siga as nossas redes sociais.
Além de informações sobre os próximos lançamentos,
você terá acesso a conteúdos exclusivos
e poderá participar de promoções e sorteios.

sextante.com.br